2020 APPOINTMENT BOOK

Copyright 2019

WHITE BROOK EDITIONS

If Found, Please Return This Appointment Book To:

_____

JANUARY

TIME		SUN 12/29	MON 12/30	TUES 12/31	WED 1/1
8 AM	:00				
	:30				
9 AM	:00				
	:30				
10 AM	:00				
	:30				
11 AM	::00				
	:30				
12 PM	:00				
	:30				
1 PM	:00				
	:30				
2 PM	:00				
	:30				
3 PM	:00				
	:30				
4 PM	:00				
	:30				
5 PM	:00				
	:30				
6 PM	:00				
	:30				
7 PM	:00				
	:30				

2020

TIME		THURS 1/2	FRI 1/3	SAT 1/4	NOTES
8 AM	:00				
	:30				
9 AM	:00				
	:30				
10 AM	:00				
	:30				
11 AM	::00				
	:30				
12 PM	:00				
	:30				
1 PM	:00				
	:30				
2 PM	:00				
	:30				
3 PM	:00				
	:30				
4 PM	:00				
	:30				
5 PM	:00				
	:30				
6 PM	:00				
	:30				
7 PM	:00				
	:30				

JANUARY

TIME			SUN 1/5	MON 1/6	TUES 1/7	WED 1/8
8	AM	:00				
		:30				
9	AM	:00				
		:30				
10	AM	:00				
		:30				
11	AM	::00				
		:30				
12	PM	:00				
		:30				
1	PM	:00				
		:30				
2	PM	:00				
		:30				
3	PM	:00				
		:30				
4	PM	:00				
		:30				
5	PM	:00				
		:30				
6	PM	:00				
		:30				
7	PM	:00				
		:30				

2020

TIME		THURS 1/9	FRI 1/10	SAT 1/11	NOTES
8 AM	:00				
	:30				
9 AM	:00				
	:30				
10 AM	:00				
	:30				
11 AM	::00				
	:30				
12 PM	:00				
	:30				
1 PM	:00				
	:30				
2 PM	:00				
	:30				
3 PM	:00				
	:30				
4 PM	:00				
	:30				
5 PM	:00				
	:30				
6 PM	:00				
	:30				
7 PM	:00				
	:30				

JANUARY

TIME		SUN 1/12	MON 1/13	TUES 1/14	WED 1/15
8 AM	:00				
	:30				
9 AM	:00				
	:30				
10 AM	:00				
	:30				
11 AM	::00				
	:30				
12 PM	:00				
	:30				
1 PM	:00				
	:30				
2 PM	:00				
	:30				
3 PM	:00				
	:30				
4 PM	:00				
	:30				
5 PM	:00				
	:30				
6 PM	:00				
	:30				
7 PM	:00				
	:30				

2020

TIME		THURS 1/16	FRI 1/17	SAT 1/18	NOTES
8 AM	:00				
	:30				
9 AM	:00				
	:30				
10 AM	:00				
	:30				
11 AM	::00				
	:30				
12 PM	:00				
	:30				
1 PM	:00				
	:30				
2 PM	:00				
	:30				
3 PM	:00				
	:30				
4 PM	:00				
	:30				
5 PM	:00				
	:30				
6 PM	:00				
	:30				
7 PM	:00				
	:30				

JANUARY

TIME			SUN 1/19	MON 1/20	TUES 1/21	WED 1/22
8	AM	:00				
		:30				
9	AM	:00				
		:30				
10	AM	:00				
		:30				
11	AM	::00				
		:30				
12	PM	:00				
		:30				
1	PM	:00				
		:30				
2	PM	:00				
		:30				
3	PM	:00				
		:30				
4	PM	:00				
		:30				
5	PM	:00				
		:30				
6	PM	:00				
		:30				
7	PM	:00				
		:30				

2020

TIME		THURS 1/23	FRI 1/24	SAT 1/25	NOTES
8 AM	:00				
	:30				
9 AM	:00				
	:30				
10 AM	:00				
	:30				
11 AM	::00				
	:30				
12 PM	:00				
	:30				
1 PM	:00				
	:30				
2 PM	:00				
	:30				
3 PM	:00				
	:30				
4 PM	:00				
	:30				
5 PM	:00				
	:30				
6 PM	:00				
	:30				
7 PM	:00				
	:30				

JANUARY

TIME		SUN 1/26	MON 1/27	TUES 1/28	WED 1/29
8 AM	:00				
	:30				
9 AM	:00				
	:30				
10 AM	:00				
	:30				
11 AM	::00				
	:30				
12 PM	:00				
	:30				
1 PM	:00				
	:30				
2 PM	:00				
	:30				
3 PM	:00				
	:30				
4 PM	:00				
	:30				
5 PM	:00				
	:30				
6 PM	:00				
	:30				
7 PM	:00				
	:30				

2020

TIME		THURS 1/30	FRI 1/31	SAT 2/1	NOTES
8 AM	:00				
	:30				
9 AM	:00				
	:30				
10 AM	:00				
	:30				
11 AM	::00				
	:30				
12 PM	:00				
	:30				
1 PM	:00				
	:30				
2 PM	:00				
	:30				
3 PM	:00				
	:30				
4 PM	:00				
	:30				
5 PM	:00				
	:30				
6 PM	:00				
	:30				
7 PM	:00				
	:30				

FEBRUARY

TIME		SUN 2/2	MON 2/3	TUES 2/4	WED 2/5
8 AM	:00				
	:30				
9 AM	:00				
	:30				
10 AM	:00				
	:30				
11 AM	::00				
	:30				
12 PM	:00				
	:30				
1 PM	:00				
	:30				
2 PM	:00				
	:30				
3 PM	:00				
	:30				
4 PM	:00				
	:30				
5 PM	:00				
	:30				
6 PM	:00				
	:30				
7 PM	:00				
	:30				

2020

TIME		THURS 2/6	FRI 2/7	SAT 2/8	NOTES
8 AM	:00				
	:30				
9 AM	:00				
	:30				
10 AM	:00				
	:30				
11 AM	::00				
	:30				
12 PM	:00				
	:30				
1 PM	:00				
	:30				
2 PM	:00				
	:30				
3 PM	:00				
	:30				
4 PM	:00				
	:30				
5 PM	:00				
	:30				
6 PM	:00				
	:30				
7 PM	:00				
	:30				

FEBRUARY

TIME		SUN 2/9	MON 2/10	TUES 2/11	WED 2/12
8 AM	:00				
	:30				
9 AM	:00				
	:30				
10 AM	:00				
	:30				
11 AM	::00				
	:30				
12 PM	:00				
	:30				
1 PM	:00				
	:30				
2 PM	:00				
	:30				
3 PM	:00				
	:30				
4 PM	:00				
	:30				
5 PM	:00				
	:30				
6 PM	:00				
	:30				
7 PM	:00				
	:30				

2020

TIME		THURS 2/13	FRI 2/14	SAT 2/15	NOTES
8 AM	:00				
	:30				
9 AM	:00				
	:30				
10 AM	:00				
	:30				
11 AM	::00				
	:30				
12 PM	:00				
	:30				
1 PM	:00				
	:30				
2 PM	:00				
	:30				
3 PM	:00				
	:30				
4 PM	:00				
	:30				
5 PM	:00				
	:30				
6 PM	:00				
	:30				
7 PM	:00				
	:30				
TIME		THURS 2/13	FRI 2/14	SAT 2/15	NOTES

FEBRUARY

TIME		SUN 2/16	MON 2/17	TUES 2/18	WED 2/19
8 AM	:00				
	:30				
9 AM	:00				
	:30				
10 AM	:00				
	:30				
11 AM	::00				
	:30				
12 PM	:00				
	:30				
1 PM	:00				
	:30				
2 PM	:00				
	:30				
3 PM	:00				
	:30				
4 PM	:00				
	:30				
5 PM	:00				
	:30				
6 PM	:00				
	:30				
7 PM	:00				
	:30				

2020

TIME		THURS 2/20	FRI 2/21	SAT 2/22	NOTES
8 AM	:00				
	:30				
9 AM	:00				
	:30				
10 AM	:00				
	:30				
11 AM	::00				
	:30				
12 PM	:00				
	:30				
1 PM	:00				
	:30				
2 PM	:00				
	:30				
3 PM	:00				
	:30				
4 PM	:00				
	:30				
5 PM	:00				
	:30				
6 PM	:00				
	:30				
7 PM	:00				
	:30				

FEBRUARY

TIME		SUN 2/23	MON 2/24	TUES 2/25	WED 2/26
8 AM	:00				
	:30				
9 AM	:00				
	:30				
10 AM	:00				
	:30				
11 AM	::00				
	:30				
12 PM	:00				
	:30				
1 PM	:00				
	:30				
2 PM	:00				
	:30				
3 PM	:00				
	:30				
4 PM	:00				
	:30				
5 PM	:00				
	:30				
6 PM	:00				
	:30				
7 PM	:00				
	:30				

2020

TIME		THURS 2/27	FRI 2/28	SAT 2/29	NOTES
8 AM	:00				
	:30				
9 AM	:00				
	:30				
10 AM	:00				
	:30				
11 AM	::00				
	:30				
12 PM	:00				
	:30				
1 PM	:00				
	:30				
2 PM	:00				
	:30				
3 PM	:00				
	:30				
4 PM	:00				
	:30				
5 PM	:00				
	:30				
6 PM	:00				
	:30				
7 PM	:00				
	:30				

MARCH

TIME			SUN 3/1	MON 3/2	TUES 3/3	WED 3/4
8 AM		:00				
		:30				
9 AM		:00				
		:30				
10 AM		:00				
		:30				
11 AM		::00				
		:30				
12 PM		:00				
		:30				
1 PM		:00				
		:30				
2 PM		:00				
		:30				
3 PM		:00				
		:30				
4 PM		:00				
		:30				
5 PM		:00				
		:30				
6 PM		:00				
		:30				
7 PM		:00				
		:30				

2020

TIME		THURS 3/5	FRI 3/6	SAT 3/7	NOTES
8 AM	:00				
	:30				
9 AM	:00				
	:30				
10 AM	:00				
	:30				
11 AM	::00				
	:30				
12 PM	:00				
	:30				
1 PM	:00				
	:30				
2 PM	:00				
	:30				
3 PM	:00				
	:30				
4 PM	:00				
	:30				
5 PM	:00				
	:30				
6 PM	:00				
	:30				
7 PM	:00				
	:30				

MARCH

TIME		SUN 3/8	MON 3/9	TUES 3/10	WED 3/11
8 AM	:00				
	:30				
9 AM	:00				
	:30				
10 AM	:00				
	:30				
11 AM	::00				
	:30				
12 PM	:00				
	:30				
1 PM	:00				
	:30				
2 PM	:00				
	:30				
3 PM	:00				
	:30				
4 PM	:00				
	:30				
5 PM	:00				
	:30				
6 PM	:00				
	:30				
7 PM	:00				
	:30				

2020

TIME		THURS 3/12	FRI 3/13	SAT 3/14	NOTES
8 AM	:00				
	:30				
9 AM	:00				
	:30				
10 AM	:00				
	:30				
11 AM	::00				
	:30				
12 PM	:00				
	:30				
1 PM	:00				
	:30				
2 PM	:00				
	:30				
3 PM	:00				
	:30				
4 PM	:00				
	:30				
5 PM	:00				
	:30				
6 PM	:00				
	:30				
7 PM	:00				
	:30				

MARCH

TIME			SUN 3/15	MON 3/16	TUES 3/17	WED 3/18
8 AM		:00				
		:30				
9 AM		:00				
		:30				
10 AM		:00				
		:30				
11 AM		::00				
		:30				
12 PM		:00				
		:30				
1 PM		:00				
		:30				
2 PM		:00				
		:30				
3 PM		:00				
		:30				
4 PM		:00				
		:30				
5 PM		:00				
		:30				
6 PM		:00				
		:30				
7 PM		:00				
		:30				

2020

TIME		THURS 3/19	FRI 3/20	SAT 3/21	NOTES
8 AM	:00				
	:30				
9 AM	:00				
	:30				
10 AM	:00				
	:30				
11 AM	::00				
	:30				
12 PM	:00				
	:30				
1 PM	:00				
	:30				
2 PM	:00				
	:30				
3 PM	:00				
	:30				
4 PM	:00				
	:30				
5 PM	:00				
	:30				
6 PM	:00				
	:30				
7 PM	:00				
	:30				

MARCH

TIME			SUN 3/22	MON 3/23	TUES 3/24	WED 3/25
8 AM		:00				
		:30				
9 AM		:00				
		:30				
10 AM		:00				
		:30				
11 AM		::00				
		:30				
12 PM		:00				
		:30				
1 PM		:00				
		:30				
2 PM		:00				
		:30				
3 PM		:00				
		:30				
4 PM		:00				
		:30				
5 PM		:00				
		:30				
6 PM		:00				
		:30				
7 PM		:00				
		:30				

2020

TIME		THURS 3/26	FRI 3/27	SAT 3/28	NOTES
8 AM	:00				
	:30				
9 AM	:00				
	:30				
10 AM	:00				
	:30				
11 AM	::00				
	:30				
12 PM	:00				
	:30				
1 PM	:00				
	:30				
2 PM	:00				
	:30				
3 PM	:00				
	:30				
4 PM	:00				
	:30				
5 PM	:00				
	:30				
6 PM	:00				
	:30				
7 PM	:00				
	:30				

MARCH/APRIL

TIME			SUN 3/29	MON 3/30	TUES 3/31	WED 4/1
8	AM	:00				
		:30				
9	AM	:00				
		:30				
10	AM	:00				
		:30				
11	AM	::00				
		:30				
12	PM	:00				
		:30				
1	PM	:00				
		:30				
2	PM	:00				
		:30				
3	PM	:00				
		:30				
4	PM	:00				
		:30				
5	PM	:00				
		:30				
6	PM	:00				
		:30				
7	PM	:00				
		:30				

APRIL

TIME		THURS 4/2	FRI 4/3	SAT 4/4	NOTES
8 AM	:00				
	:30				
9 AM	:00				
	:30				
10 AM	:00				
	:30				
11 AM	::00				
	:30				
12 PM	:00				
	:30				
1 PM	:00				
	:30				
2 PM	:00				
	:30				
3 PM	:00				
	:30				
4 PM	:00				
	:30				
5 PM	:00				
	:30				
6 PM	:00				
	:30				
7 PM	:00				
	:30				

APRIL

TIME		SUN 4/5	MON 4/6	TUES 4/7	WED 4/8
8 AM	:00				
	:30				
9 AM	:00				
	:30				
10 AM	:00				
	:30				
11 AM	::00				
	:30				
12 PM	:00				
	:30				
1 PM	:00				
	:30				
2 PM	:00				
	:30				
3 PM	:00				
	:30				
4 PM	:00				
	:30				
5 PM	:00				
	:30				
6 PM	:00				
	:30				
7 PM	:00				
	:30				

2020

TIME		THURS 4/9	FRI 4/10	SAT 4/11	NOTES
8 AM	:00				
	:30				
9 AM	:00				
	:30				
10 AM	:00				
	:30				
11 AM	::00				
	:30				
12 PM	:00				
	:30				
1 PM	:00				
	:30				
2 PM	:00				
	:30				
3 PM	:00				
	:30				
4 PM	:00				
	:30				
5 PM	:00				
	:30				
6 PM	:00				
	:30				
7 PM	:00				
	:30				

APRIL

TIME			SUN 4/12	MON 4/13	TUES 4/14	WED 4/15
8 AM		:00				
		:30				
9 AM		:00				
		:30				
10 AM		:00				
		:30				
11 AM		::00				
		:30				
12 PM		:00				
		:30				
1 PM		:00				
		:30				
2 PM		:00				
		:30				
3 PM		:00				
		:30				
4 PM		:00				
		:30				
5 PM		:00				
		:30				
6 PM		:00				
		:30				
7 PM		:00				
		:30				

2020

TIME		THURS 4/16	FRI 4/17	SAT 4/18	NOTES
8 AM	:00				
	:30				
9 AM	:00				
	:30				
10 AM	:00				
	:30				
11 AM	::00				
	:30				
12 PM	:00				
	:30				
1 PM	:00				
	:30				
2 PM	:00				
	:30				
3 PM	:00				
	:30				
4 PM	:00				
	:30				
5 PM	:00				
	:30				
6 PM	:00				
	:30				
7 PM	:00				
	:30				
		THURS 4/16	FRI 4/17	SAT 4/18	NOTES

APRIL

TIME		SUN 4/19	MON 4/20	TUES 4/21	WED 4/22
8 AM	:00				
	:30				
9 AM	:00				
	:30				
10 AM	:00				
	:30				
11 AM	::00				
	:30				
12 PM	:00				
	:30				
1 PM	:00				
	:30				
2 PM	:00				
	:30				
3 PM	:00				
	:30				
4 PM	:00				
	:30				
5 PM	:00				
	:30				
6 PM	:00				
	:30				
7 PM	:00				
	:30				

2020

TIME		THURS 4/23	FRI 4/24	SAT 4/25	NOTES
8 AM	:00				
	:30				
9 AM	:00				
	:30				
10 AM	:00				
	:30				
11 AM	::00				
	:30				
12 PM	:00				
	:30				
1 PM	:00				
	:30				
2 PM	:00				
	:30				
3 PM	:00				
	:30				
4 PM	:00				
	:30				
5 PM	:00				
	:30				
6 PM	:00				
	:30				
7 PM	:00				
	:30				

APRIL

TIME		SUN 4/26	MON 4/27	TUES 4/28	WED 4/29
8 AM	:00				
	:30				
9 AM	:00				
	:30				
10 AM	:00				
	:30				
11 AM	::00				
	:30				
12 PM	:00				
	:30				
1 PM	:00				
	:30				
2 PM	:00				
	:30				
3 PM	:00				
	:30				
4 PM	:00				
	:30				
5 PM	:00				
	:30				
6 PM	:00				
	:30				
7 PM	:00				
	:30				

APRIL/MAY

TIME		THURS 4/30	FRI 5/1	SAT 5/2	NOTES
8 AM	:00				
	:30				
9 AM	:00				
	:30				
10 AM	:00				
	:30				
11 AM	::00				
	:30				
12 PM	:00				
	:30				
1 PM	:00				
	:30				
2 PM	:00				
	:30				
3 PM	:00				
	:30				
4 PM	:00				
	:30				
5 PM	:00				
	:30				
6 PM	:00				
	:30				
7 PM	:00				
	:30				

MAY

TIME			SUN 5/3	MON 5/4	TUES 5/5	WED 5/6
8 AM		:00				
		:30				
9 AM		:00				
		:30				
10 AM		:00				
		:30				
11 AM		::00				
		:30				
12 PM		:00				
		:30				
1 PM		:00				
		:30				
2 PM		:00				
		:30				
3 PM		:00				
		:30				
4 PM		:00				
		:30				
5 PM		:00				
		:30				
6 PM		:00				
		:30				
7 PM		:00				
		:30				

2020

TIME		THURS 5/7	FRI 5/8	SAT 5/9	NOTES
8 AM	:00				
	:30				
9 AM	:00				
	:30				
10 AM	:00				
	:30				
11 AM	::00				
	:30				
12 PM	:00				
	:30				
1 PM	:00				
	:30				
2 PM	:00				
	:30				
3 PM	:00				
	:30				
4 PM	:00				
	:30				
5 PM	:00				
	:30				
6 PM	:00				
	:30				
7 PM	:00				
	:30				

MAY

TIME		SUN 5/10	MON 5/11	TUES 5/12	WED 5/13
8 AM	:00				
	:30				
9 AM	:00				
	:30				
10 AM	:00				
	:30				
11 AM	::00				
	:30				
12 PM	:00				
	:30				
1 PM	:00				
	:30				
2 PM	:00				
	:30				
3 PM	:00				
	:30				
4 PM	:00				
	:30				
5 PM	:00				
	:30				
6 PM	:00				
	:30				
7 PM	:00				
	:30				

2020

TIME		THURS 5/14	FRI 5/15	SAT 5/16	NOTES
8 AM	:00				
	:30				
9 AM	:00				
	:30				
10 AM	:00				
	:30				
11 AM	::00				
	:30				
12 PM	:00				
	:30				
1 PM	:00				
	:30				
2 PM	:00				
	:30				
3 PM	:00				
	:30				
4 PM	:00				
	:30				
5 PM	:00				
	:30				
6 PM	:00				
	:30				
7 PM	:00				
	:30				

MAY

TIME			SUN 5/17	MON 5/18	TUES 5/19	WED 5/20
8	AM	:00				
		:30				
9	AM	:00				
		:30				
10	AM	:00				
		:30				
11	AM	::00				
		:30				
12	PM	:00				
		:30				
1	PM	:00				
		:30				
2	PM	:00				
		:30				
3	PM	:00				
		:30				
4	PM	:00				
		:30				
5	PM	:00				
		:30				
6	PM	:00				
		:30				
7	PM	:00				
		:30				

2020

TIME		THURS 5/21	FRI 5/22	SAT 5/23	NOTES
8 AM	:00				
	:30				
9 AM	:00				
	:30				
10 AM	:00				
	:30				
11 AM	::00				
	:30				
12 PM	:00				
	:30				
1 PM	:00				
	:30				
2 PM	:00				
	:30				
3 PM	:00				
	:30				
4 PM	:00				
	:30				
5 PM	:00				
	:30				
6 PM	:00				
	:30				
7 PM	:00				
	:30				

MAY

TIME			SUN 5/24	MON 5/25	TUES 5/26	WED 5/27
8	AM	:00				
		:30				
9	AM	:00				
		:30				
10	AM	:00				
		:30				
11	AM	::00				
		:30				
12	PM	:00				
		:30				
1	PM	:00				
		:30				
2	PM	:00				
		:30				
3	PM	:00				
		:30				
4	PM	:00				
		:30				
5	PM	:00				
		:30				
6	PM	:00				
		:30				
7	PM	:00				
		:30				

2020

TIME		THURS 5/28	FRI 5/29	SAT 5/30	NOTES
8 AM	:00				
	:30				
9 AM	:00				
	:30				
10 AM	:00				
	:30				
11 AM	::00				
	:30				
12 PM	:00				
	:30				
1 PM	:00				
	:30				
2 PM	:00				
	:30				
3 PM	:00				
	:30				
4 PM	:00				
	:30				
5 PM	:00				
	:30				
6 PM	:00				
	:30				
7 PM	:00				
	:30				

MAY/JUNE

TIME		SUN 5/31	MON 6/1	TUES 6/2	WED 6/3
8 AM	:00				
	:30				
9 AM	:00				
	:30				
10 AM	:00				
	:30				
11 AM	::00				
	:30				
12 PM	:00				
	:30				
1 PM	:00				
	:30				
2 PM	:00				
	:30				
3 PM	:00				
	:30				
4 PM	:00				
	:30				
5 PM	:00				
	:30				
6 PM	:00				
	:30				
7 PM	:00				
	:30				

JUNE

TIME		THURS 6/4	FRI 6/5	SAT 6/6	NOTES
8 AM	:00				
	:30				
9 AM	:00				
	:30				
10 AM	:00				
	:30				
11 AM	::00				
	:30				
12 PM	:00				
	:30				
1 PM	:00				
	:30				
2 PM	:00				
	:30				
3 PM	:00				
	:30				
4 PM	:00				
	:30				
5 PM	:00				
	:30				
6 PM	:00				
	:30				
7 PM	:00				
	:30				

JUNE

TIME			SUN 6/7	MON 6/8	TUES 6/9	WED 6/10
8	AM	:00				
		:30				
9	AM	:00				
		:30				
10	AM	:00				
		:30				
11	AM	::00				
		:30				
12	PM	:00				
		:30				
1	PM	:00				
		:30				
2	PM	:00				
		:30				
3	PM	:00				
		:30				
4	PM	:00				
		:30				
5	PM	:00				
		:30				
6	PM	:00				
		:30				
7	PM	:00				
		:30				

2020

TIME		THURS 6/11	FRI 6/12	SAT 6/13	NOTES
8 AM	:00				
	:30				
9 AM	:00				
	:30				
10 AM	:00				
	:30				
11 AM	::00				
	:30				
12 PM	:00				
	:30				
1 PM	:00				
	:30				
2 PM	:00				
	:30				
3 PM	:00				
	:30				
4 PM	:00				
	:30				
5 PM	:00				
	:30				
6 PM	:00				
	:30				
7 PM	:00				
	:30				

JUNE

TIME			SUN 6/14	MON 6/15	TUES 6/16	WED 6/17
8 AM		:00				
		:30				
9 AM		:00				
		:30				
10 AM		:00				
		:30				
11 AM		::00				
		:30				
12 PM		:00				
		:30				
1 PM		:00				
		:30				
2 PM		:00				
		:30				
3 PM		:00				
		:30				
4 PM		:00				
		:30				
5 PM		:00				
		:30				
6 PM		:00				
		:30				
7 PM		:00				
		:30				

2020

TIME		THURS 6/18	FRI 6/19	SAT 6/20	NOTES
8 AM	:00				
	:30				
9 AM	:00				
	:30				
10 AM	:00				
	:30				
11 AM	::00				
	:30				
12 PM	:00				
	:30				
1 PM	:00				
	:30				
2 PM	:00				
	:30				
3 PM	:00				
	:30				
4 PM	:00				
	:30				
5 PM	:00				
	:30				
6 PM	:00				
	:30				
7 PM	:00				
	:30				

JUNE

TIME		SUN 6/21	MON 6/22	TUES 6/23	WED 6/24
8 AM	:00				
	:30				
9 AM	:00				
	:30				
10 AM	:00				
	:30				
11 AM	::00				
	:30				
12 PM	:00				
	:30				
1 PM	:00				
	:30				
2 PM	:00				
	:30				
3 PM	:00				
	:30				
4 PM	:00				
	:30				
5 PM	:00				
	:30				
6 PM	:00				
	:30				
7 PM	:00				
	:30				

2020

TIME		THURS 6/25	FRI 6/26	SAT 6/27	NOTES
8 AM	:00				
	:30				
9 AM	:00				
	:30				
10 AM	:00				
	:30				
11 AM	::00				
	:30				
12 PM	:00				
	:30				
1 PM	:00				
	:30				
2 PM	:00				
	:30				
3 PM	:00				
	:30				
4 PM	:00				
	:30				
5 PM	:00				
	:30				
6 PM	:00				
	:30				
7 PM	:00				
	:30				

JUNE

TIME		SUN 6/28	MON 6/29	TUES 6/30	WED 7/1
8 AM	:00				
	:30				
9 AM	:00				
	:30				
10 AM	:00				
	:30				
11 AM	::00				
	:30				
12 PM	:00				
	:30				
1 PM	:00				
	:30				
2 PM	:00				
	:30				
3 PM	:00				
	:30				
4 PM	:00				
	:30				
5 PM	:00				
	:30				
6 PM	:00				
	:30				
7 PM	:00				
	:30				

JULY

TIME		THURS 7/2	FRI 7/3	SAT 7/4	NOTES
8 AM	:00				
	:30				
9 AM	:00				
	:30				
10 AM	:00				
	:30				
11 AM	::00				
	:30				
12 PM	:00				
	:30				
1 PM	:00				
	:30				
2 PM	:00				
	:30				
3 PM	:00				
	:30				
4 PM	:00				
	:30				
5 PM	:00				
	:30				
6 PM	:00				
	:30				
7 PM	:00				
	:30				

JULY

TIME			SUN 7/5	MON 7/6	TUES 7/7	WED 7/8
8	AM	:00				
		:30				
9	AM	:00				
		:30				
10	AM	:00				
		:30				
11	AM	::00				
		:30				
12	PM	:00				
		:30				
1	PM	:00				
		:30				
2	PM	:00				
		:30				
3	PM	:00				
		:30				
4	PM	:00				
		:30				
5	PM	:00				
		:30				
6	PM	:00				
		:30				
7	PM	:00				
		:30				

2020

TIME		THURS 7/9	FRI 7/10	SAT 7/11	NOTES
8 AM	:00				
	:30				
9 AM	:00				
	:30				
10 AM	:00				
	:30				
11 AM	::00				
	:30				
12 PM	:00				
	:30				
1 PM	:00				
	:30				
2 PM	:00				
	:30				
3 PM	:00				
	:30				
4 PM	:00				
	:30				
5 PM	:00				
	:30				
6 PM	:00				
	:30				
7 PM	:00				
	:30				

JULY

TIME			SUN 7/12	MON 7/13	TUES 7/14	WED 7/15
8	AM	:00				
		:30				
9	AM	:00				
		:30				
10	AM	:00				
		:30				
11	AM	::00				
		:30				
12	PM	:00				
		:30				
1	PM	:00				
		:30				
2	PM	:00				
		:30				
3	PM	:00				
		:30				
4	PM	:00				
		:30				
5	PM	:00				
		:30				
6	PM	:00				
		:30				
7	PM	:00				
		:30				

2020

TIME		THURS 7/16	FRI 7/17	SAT 7/18	NOTES
8 AM	:00				
	:30				
9 AM	:00				
	:30				
10 AM	:00				
	:30				
11 AM	::00				
	:30				
12 PM	:00				
	:30				
1 PM	:00				
	:30				
2 PM	:00				
	:30				
3 PM	:00				
	:30				
4 PM	:00				
	:30				
5 PM	:00				
	:30				
6 PM	:00				
	:30				
7 PM	:00				
	:30				

JULY

TIME			SUN 7/19	MON 7/20	TUES 7/21	WED 7/22
8	AM	:00				
		:30				
9	AM	:00				
		:30				
10	AM	:00				
		:30				
11	AM	::00				
		:30				
12	PM	:00				
		:30				
1	PM	:00				
		:30				
2	PM	:00				
		:30				
3	PM	:00				
		:30				
4	PM	:00				
		:30				
5	PM	:00				
		:30				
6	PM	:00				
		:30				
7	PM	:00				
		:30				

2020

TIME		THURS 7/23	FRI 7/24	SAT 7/25	NOTES
8 AM	:00				
	:30				
9 AM	:00				
	:30				
10 AM	:00				
	:30				
11 AM	::00				
	:30				
12 PM	:00				
	:30				
1 PM	:00				
	:30				
2 PM	:00				
	:30				
3 PM	:00				
	:30				
4 PM	:00				
	:30				
5 PM	:00				
	:30				
6 PM	:00				
	:30				
7 PM	:00				
	:30				

JULY

TIME		SUN 7/26	MON 7/27	TUES 7/28	WED 7/29
8 AM	:00				
	:30				
9 AM	:00				
	:30				
10 AM	:00				
	:30				
11 AM	::00				
	:30				
12 PM	:00				
	:30				
1 PM	:00				
	:30				
2 PM	:00				
	:30				
3 PM	:00				
	:30				
4 PM	:00				
	:30				
5 PM	:00				
	:30				
6 PM	:00				
	:30				
7 PM	:00				
	:30				

JULY/AUGUST

TIME		THURS 7/30	FRI 7/31	SAT 8/1	NOTES
8 AM	:00				
	:30				
9 AM	:00				
	:30				
10 AM	:00				
	:30				
11 AM	::00				
	:30				
12 PM	:00				
	:30				
1 PM	:00				
	:30				
2 PM	:00				
	:30				
3 PM	:00				
	:30				
4 PM	:00				
	:30				
5 PM	:00				
	:30				
6 PM	:00				
	:30				
7 PM	:00				
	:30				

AUGUST

TIME			SUN 8/2	MON 8/3	TUES 8/4	WED 8/5
8	AM	:00				
		:30				
9	AM	:00				
		:30				
10	AM	:00				
		:30				
11	AM	::00				
		:30				
12	PM	:00				
		:30				
1	PM	:00				
		:30				
2	PM	:00				
		:30				
3	PM	:00				
		:30				
4	PM	:00				
		:30				
5	PM	:00				
		:30				
6	PM	:00				
		:30				
7	PM	:00				
		:30				

2020

TIME		THURS 8/6	FRI 8/7	SAT 8/8	NOTES
8 AM	:00				
	:30				
9 AM	:00				
	:30				
10 AM	:00				
	:30				
11 AM	::00				
	:30				
12 PM	:00				
	:30				
1 PM	:00				
	:30				
2 PM	:00				
	:30				
3 PM	:00				
	:30				
4 PM	:00				
	:30				
5 PM	:00				
	:30				
6 PM	:00				
	:30				
7 PM	:00				
	:30				

AUGUST

TIME		SUN 8/9	MON 8/10	TUES 8/11	WED 8/12
8 AM	:00				
	:30				
9 AM	:00				
	:30				
10 AM	:00				
	:30				
11 AM	::00				
	:30				
12 PM	:00				
	:30				
1 PM	:00				
	:30				
2 PM	:00				
	:30				
3 PM	:00				
	:30				
4 PM	:00				
	:30				
5 PM	:00				
	:30				
6 PM	:00				
	:30				
7 PM	:00				
	:30				

2020

TIME		THURS 8/13	FRI 8/14	SAT 8/15	NOTES
8 AM	:00				
	:30				
9 AM	:00				
	:30				
10 AM	:00				
	:30				
11 AM	::00				
	:30				
12 PM	:00				
	:30				
1 PM	:00				
	:30				
2 PM	:00				
	:30				
3 PM	:00				
	:30				
4 PM	:00				
	:30				
5 PM	:00				
	:30				
6 PM	:00				
	:30				
7 PM	:00				
	:30				

AUGUST

TIME			SUN 8/16	MON 8/17	TUES 8/18	WED 8/19
8	AM	:00				
		:30				
9	AM	:00				
		:30				
10	AM	:00				
		:30				
11	AM	::00				
		:30				
12	PM	:00				
		:30				
1	PM	:00				
		:30				
2	PM	:00				
		:30				
3	PM	:00				
		:30				
4	PM	:00				
		:30				
5	PM	:00				
		:30				
6	PM	:00				
		:30				
7	PM	:00				
		:30				

2020

TIME		THURS 8/20	FRI 8/21	SAT 8/22	NOTES
8 AM	:00				
	:30				
9 AM	:00				
	:30				
10 AM	:00				
	:30				
11 AM	::00				
	:30				
12 PM	:00				
	:30				
1 PM	:00				
	:30				
2 PM	:00				
	:30				
3 PM	:00				
	:30				
4 PM	:00				
	:30				
5 PM	:00				
	:30				
6 PM	:00				
	:30				
7 PM	:00				
	:30				

AUGUST

TIME			SUN 8/23	MON 8/24	TUES 8/25	WED 8/26
8	AM	:00				
		:30				
9	AM	:00				
		:30				
10	AM	:00				
		:30				
11	AM	::00				
		:30				
12	PM	:00				
		:30				
1	PM	:00				
		:30				
2	PM	:00				
		:30				
3	PM	:00				
		:30				
4	PM	:00				
		:30				
5	PM	:00				
		:30				
6	PM	:00				
		:30				
7	PM	:00				
		:30				

2020

TIME		THURS 8/27	FRI 8/28	SAT 8/29	NOTES
8 AM	:00				
	:30				
9 AM	:00				
	:30				
10 AM	:00				
	:30				
11 AM	::00				
	:30				
12 PM	:00				
	:30				
1 PM	:00				
	:30				
2 PM	:00				
	:30				
3 PM	:00				
	:30				
4 PM	:00				
	:30				
5 PM	:00				
	:30				
6 PM	:00				
	:30				
7 PM	:00				
	:30				

AUGUST/SEPTEMBER

TIME		SUN 8/30	MON 8/31	TUES 9/1	WED 9/2
8 AM	:00				
	:30				
9 AM	:00				
	:30				
10 AM	:00				
	:30				
11 AM	::00				
	:30				
12 PM	:00				
	:30				
1 PM	:00				
	:30				
2 PM	:00				
	:30				
3 PM	:00				
	:30				
4 PM	:00				
	:30				
5 PM	:00				
	:30				
6 PM	:00				
	:30				
7 PM	:00				
	:30				

2020

TIME		THURS 9/3	FRI 9/4	SAT 9/5	NOTES
8 AM	:00				
	:30				
9 AM	:00				
	:30				
10 AM	:00				
	:30				
11 AM	::00				
	:30				
12 PM	:00				
	:30				
1 PM	:00				
	:30				
2 PM	:00				
	:30				
3 PM	:00				
	:30				
4 PM	:00				
	:30				
5 PM	:00				
	:30				
6 PM	:00				
	:30				
7 PM	:00				
	:30				

SEPTEMBER

TIME		SUN 9/6	MON 9/7	TUES 9/8	WED 9/9
8 AM	:00				
	:30				
9 AM	:00				
	:30				
10 AM	:00				
	:30				
11 AM	::00				
	:30				
12 PM	:00				
	:30				
1 PM	:00				
	:30				
2 PM	:00				
	:30				
3 PM	:00				
	:30				
4 PM	:00				
	:30				
5 PM	:00				
	:30				
6 PM	:00				
	:30				
7 PM	:00				
	:30				

2020

TIME		THURS 9/10	FRI 9/11	SAT 9/12	NOTES
8 AM	:00				
	:30				
9 AM	:00				
	:30				
10 AM	:00				
	:30				
11 AM	::00				
	:30				
12 PM	:00				
	:30				
1 PM	:00				
	:30				
2 PM	:00				
	:30				
3 PM	:00				
	:30				
4 PM	:00				
	:30				
5 PM	:00				
	:30				
6 PM	:00				
	:30				
7 PM	:00				
	:30				

SEPTEMBER

TIME			SUN 9/13	MON 9/14	TUES 9/15	WED 9/16
8	AM	:00				
		:30				
9	AM	:00				
		:30				
10	AM	:00				
		:30				
11	AM	::00				
		:30				
12	PM	:00				
		:30				
1	PM	:00				
		:30				
2	PM	:00				
		:30				
3	PM	:00				
		:30				
4	PM	:00				
		:30				
5	PM	:00				
		:30				
6	PM	:00				
		:30				
7	PM	:00				
		:30				

2020

TIME		THURS 9/17	FRI 9/18	SAT 9/19	NOTES
8 AM	:00				
	:30				
9 AM	:00				
	:30				
10 AM	:00				
	:30				
11 AM	::00				
	:30				
12 PM	:00				
	:30				
1 PM	:00				
	:30				
2 PM	:00				
	:30				
3 PM	:00				
	:30				
4 PM	:00				
	:30				
5 PM	:00				
	:30				
6 PM	:00				
	:30				
7 PM	:00				
	:30				

SEPTEMBER

TIME			SUN 9/20	MON 9/21	TUES 9/22	WED 9/23
8 AM		:00				
		:30				
9 AM		:00				
		:30				
10 AM		:00				
		:30				
11 AM		::00				
		:30				
12 PM		:00				
		:30				
1 PM		:00				
		:30				
2 PM		:00				
		:30				
3 PM		:00				
		:30				
4 PM		:00				
		:30				
5 PM		:00				
		:30				
6 PM		:00				
		:30				
7 PM		:00				
		:30				

2020

TIME		THURS 9/24	FRI 9/25	SAT 9/26	NOTES
8 AM	:00				
	:30				
9 AM	:00				
	:30				
10 AM	:00				
	:30				
11 AM	::00				
	:30				
12 PM	:00				
	:30				
1 PM	:00				
	:30				
2 PM	:00				
	:30				
3 PM	:00				
	:30				
4 PM	:00				
	:30				
5 PM	:00				
	:30				
6 PM	:00				
	:30				
7 PM	:00				
	:30				

SEPTEMBER

TIME		SUN 9/27	MON 9/28	TUES 9/29	WED 9/30
8 AM	:00				
	:30				
9 AM	:00				
	:30				
10 AM	:00				
	:30				
11 AM	::00				
	:30				
12 PM	:00				
	:30				
1 PM	:00				
	:30				
2 PM	:00				
	:30				
3 PM	:00				
	:30				
4 PM	:00				
	:30				
5 PM	:00				
	:30				
6 PM	:00				
	:30				
7 PM	:00				
	:30				

OCTOBER

TIME		THURS 10/1	FRI 10/2	SAT 10/3	NOTES
8 AM	:00				
	:30				
9 AM	:00				
	:30				
10 AM	:00				
	:30				
11 AM	::00				
	:30				
12 PM	:00				
	:30				
1 PM	:00				
	:30				
2 PM	:00				
	:30				
3 PM	:00				
	:30				
4 PM	:00				
	:30				
5 PM	:00				
	:30				
6 PM	:00				
	:30				
7 PM	:00				
	:30				

OCTOBER

TIME		SUN 10/4	MON 10/5	TUES 10/6	WED 10/7
8 AM	:00				
	:30				
9 AM	:00				
	:30				
10 AM	:00				
	:30				
11 AM	::00				
	:30				
12 PM	:00				
	:30				
1 PM	:00				
	:30				
2 PM	:00				
	:30				
3 PM	:00				
	:30				
4 PM	:00				
	:30				
5 PM	:00				
	:30				
6 PM	:00				
	:30				
7 PM	:00				
	:30				

2020

TIME		THURS 10/8	FRI 10/9	SAT 10/10	NOTES
8 AM	:00				
	:30				
9 AM	:00				
	:30				
10 AM	:00				
	:30				
11 AM	::00				
	:30				
12 PM	:00				
	:30				
1 PM	:00				
	:30				
2 PM	:00				
	:30				
3 PM	:00				
	:30				
4 PM	:00				
	:30				
5 PM	:00				
	:30				
6 PM	:00				
	:30				
7 PM	:00				
	:30				

OCTOBER

TIME			SUN 10/11	MON 10/12	TUES 10/13	WED 10/14
8 AM		:00				
		:30				
9 AM		:00				
		:30				
10 AM		:00				
		:30				
11 AM		::00				
		:30				
12 PM		:00				
		:30				
1 PM		:00				
		:30				
2 PM		:00				
		:30				
3 PM		:00				
		:30				
4 PM		:00				
		:30				
5 PM		:00				
		:30				
6 PM		:00				
		:30				
7 PM		:00				
		:30				

2020

TIME		THURS 10/15	FRI 10/16	SAT 10/17	NOTES
8 AM	:00				
	:30				
9 AM	:00				
	:30				
10 AM	:00				
	:30				
11 AM	::00				
	:30				
12 PM	:00				
	:30				
1 PM	:00				
	:30				
2 PM	:00				
	:30				
3 PM	:00				
	:30				
4 PM	:00				
	:30				
5 PM	:00				
	:30				
6 PM	:00				
	:30				
7 PM	:00				
	:30				

OCTOBER

TIME			SUN 10/18	MON 10/19	TUES 10/20	WED 10/21
8 AM		:00				
		:30				
9 AM		:00				
		:30				
10 AM		:00				
		:30				
11 AM		::00				
		:30				
12 PM		:00				
		:30				
1 PM		:00				
		:30				
2 PM		:00				
		:30				
3 PM		:00				
		:30				
4 PM		:00				
		:30				
5 PM		:00				
		:30				
6 PM		:00				
		:30				
7 PM		:00				
		:30				

2020

TIME		THURS 10/22	FRI 10/23	SAT 10/24	NOTES
8 AM	:00				
	:30				
9 AM	:00				
	:30				
10 AM	:00				
	:30				
11 AM	::00				
	:30				
12 PM	:00				
	:30				
1 PM	:00				
	:30				
2 PM	:00				
	:30				
3 PM	:00				
	:30				
4 PM	:00				
	:30				
5 PM	:00				
	:30				
6 PM	:00				
	:30				
7 PM	:00				
	:30				

OCTOBER

TIME		SUN 10/25	MON 10/26	TUES 10/27	WED 10/28
8 AM	:00				
	:30				
9 AM	:00				
	:30				
10 AM	:00				
	:30				
11 AM	::00				
	:30				
12 PM	:00				
	:30				
1 PM	:00				
	:30				
2 PM	:00				
	:30				
3 PM	:00				
	:30				
4 PM	:00				
	:30				
5 PM	:00				
	:30				
6 PM	:00				
	:30				
7 PM	:00				
	:30				

2020

TIME		THURS 10/29	FRI 10/30	SAT 10/31	NOTES
8 AM	:00				
	:30				
9 AM	:00				
	:30				
10 AM	:00				
	:30				
11 AM	::00				
	:30				
12 PM	:00				
	:30				
1 PM	:00				
	:30				
2 PM	:00				
	:30				
3 PM	:00				
	:30				
4 PM	:00				
	:30				
5 PM	:00				
	:30				
6 PM	:00				
	:30				
7 PM	:00				
	:30				

NOVEMBER

TIME		SUN 11/1	MON 11/2	TUES 11/3	WED 11/4
8 AM	:00				
	:30				
9 AM	:00				
	:30				
10 AM	:00				
	:30				
11 AM	::00				
	:30				
12 PM	:00				
	:30				
1 PM	:00				
	:30				
2 PM	:00				
	:30				
3 PM	:00				
	:30				
4 PM	:00				
	:30				
5 PM	:00				
	:30				
6 PM	:00				
	:30				
7 PM	:00				
	:30				

2020

TIME		THURS 11/5	FRI 11/6	SAT 11/7	NOTES
8 AM	:00				
	:30				
9 AM	:00				
	:30				
10 AM	:00				
	:30				
11 AM	::00				
	:30				
12 PM	:00				
	:30				
1 PM	:00				
	:30				
2 PM	:00				
	:30				
3 PM	:00				
	:30				
4 PM	:00				
	:30				
5 PM	:00				
	:30				
6 PM	:00				
	:30				
7 PM	:00				
	:30				

NOVEMBER

TIME		SUN 11/8	MON 11/9	TUES 11/10	WED 11/11
8 AM	:00				
	:30				
9 AM	:00				
	:30				
10 AM	:00				
	:30				
11 AM	::00				
	:30				
12 PM	:00				
	:30				
1 PM	:00				
	:30				
2 PM	:00				
	:30				
3 PM	:00				
	:30				
4 PM	:00				
	:30				
5 PM	:00				
	:30				
6 PM	:00				
	:30				
7 PM	:00				
	:30				

TIME	SUN 11/8	MON 11/9	TUES 11/10	WED 11/11

2020

TIME		THURS 11/12	FRI 11/13	SAT 11/14	NOTES
8 AM	:00				
	:30				
9 AM	:00				
	:30				
10 AM	:00				
	:30				
11 AM	::00				
	:30				
12 PM	:00				
	:30				
1 PM	:00				
	:30				
2 PM	:00				
	:30				
3 PM	:00				
	:30				
4 PM	:00				
	:30				
5 PM	:00				
	:30				
6 PM	:00				
	:30				
7 PM	:00				
	:30				

NOVEMBER

TIME		SUN 11/15	MON 11/16	TUES 11/17	WED 11/18
8 AM	:00				
	:30				
9 AM	:00				
	:30				
10 AM	:00				
	:30				
11 AM	::00				
	:30				
12 PM	:00				
	:30				
1 PM	:00				
	:30				
2 PM	:00				
	:30				
3 PM	:00				
	:30				
4 PM	:00				
	:30				
5 PM	:00				
	:30				
6 PM	:00				
	:30				
7 PM	:00				
	:30				

2020

TIME		THURS 11/19	FRI 11/20	SAT 11/21	NOTES
8 AM	:00				
	:30				
9 AM	:00				
	:30				
10 AM	:00				
	:30				
11 AM	::00				
	:30				
12 PM	:00				
	:30				
1 PM	:00				
	:30				
2 PM	:00				
	:30				
3 PM	:00				
	:30				
4 PM	:00				
	:30				
5 PM	:00				
	:30				
6 PM	:00				
	:30				
7 PM	:00				
	:30				

NOVEMBER

TIME		SUN 11/22	MON 11/23	TUES 11/24	WED 11/25
8 AM	:00				
	:30				
9 AM	:00				
	:30				
10 AM	:00				
	:30				
11 AM	::00				
	:30				
12 PM	:00				
	:30				
1 PM	:00				
	:30				
2 PM	:00				
	:30				
3 PM	:00				
	:30				
4 PM	:00				
	:30				
5 PM	:00				
	:30				
6 PM	:00				
	:30				
7 PM	:00				
	:30				

2020

TIME		THURS 11/26	FRI 11/27	SAT 11/28	NOTES
8 AM	:00				
	:30				
9 AM	:00				
	:30				
10 AM	:00				
	:30				
11 AM	::00				
	:30				
12 PM	:00				
	:30				
1 PM	:00				
	:30				
2 PM	:00				
	:30				
3 PM	:00				
	:30				
4 PM	:00				
	:30				
5 PM	:00				
	:30				
6 PM	:00				
	:30				
7 PM	:00				
	:30				

NOVEMBER/DECEMBER

TIME		SUN 11/29	MON 11/30	TUES 12/1	WED 12/2
8 AM	:00				
	:30				
9 AM	:00				
	:30				
10 AM	:00				
	:30				
11 AM	::00				
	:30				
12 PM	:00				
	:30				
1 PM	:00				
	:30				
2 PM	:00				
	:30				
3 PM	:00				
	:30				
4 PM	:00				
	:30				
5 PM	:00				
	:30				
6 PM	:00				
	:30				
7 PM	:00				
	:30				

DECEMBER

TIME		THURS 12/3	FRI 12/4	SAT 12/5	NOTES
8 AM	:00				
	:30				
9 AM	:00				
	:30				
10 AM	:00				
	:30				
11 AM	::00				
	:30				
12 PM	:00				
	:30				
1 PM	:00				
	:30				
2 PM	:00				
	:30				
3 PM	:00				
	:30				
4 PM	:00				
	:30				
5 PM	:00				
	:30				
6 PM	:00				
	:30				
7 PM	:00				
	:30				

DECEMBER

TIME		SUN 12/6	MON 12/7	TUES 12/8	WED 12/9
8 AM	:00				
	:30				
9 AM	:00				
	:30				
10 AM	:00				
	:30				
11 AM	::00				
	:30				
12 PM	:00				
	:30				
1 PM	:00				
	:30				
2 PM	:00				
	:30				
3 PM	:00				
	:30				
4 PM	:00				
	:30				
5 PM	:00				
	:30				
6 PM	:00				
	:30				
7 PM	:00				
	:30				

2020

TIME		THURS 12/10	FRI 12/11	SAT 12/12	NOTES
8 AM	:00				
	:30				
9 AM	:00				
	:30				
10 AM	:00				
	:30				
11 AM	::00				
	:30				
12 PM	:00				
	:30				
1 PM	:00				
	:30				
2 PM	:00				
	:30				
3 PM	:00				
	:30				
4 PM	:00				
	:30				
5 PM	:00				
	:30				
6 PM	:00				
	:30				
7 PM	:00				
	:30				

DECEMBER

TIME		SUN 12/13	MON 12/14	TUES 12/15	WED 12/16
8 AM	:00				
	:30				
9 AM	:00				
	:30				
10 AM	:00				
	:30				
11 AM	::00				
	:30				
12 PM	:00				
	:30				
1 PM	:00				
	:30				
2 PM	:00				
	:30				
3 PM	:00				
	:30				
4 PM	:00				
	:30				
5 PM	:00				
	:30				
6 PM	:00				
	:30				
7 PM	:00				
	:30				

2020

TIME		THURS 12/17	FRI 12/18	SAT 12/19	NOTES
8 AM	:00				
	:30				
9 AM	:00				
	:30				
10 AM	:00				
	:30				
11 AM	::00				
	:30				
12 PM	:00				
	:30				
1 PM	:00				
	:30				
2 PM	:00				
	:30				
3 PM	:00				
	:30				
4 PM	:00				
	:30				
5 PM	:00				
	:30				
6 PM	:00				
	:30				
7 PM	:00				
	:30				

DECEMBER

TIME			SUN 12/20	MON 12/21	TUES 12/22	WED 12/23
8 AM		:00				
		:30				
9 AM		:00				
		:30				
10 AM		:00				
		:30				
11 AM		::00				
		:30				
12 PM		:00				
		:30				
1 PM		:00				
		:30				
2 PM		:00				
		:30				
3 PM		:00				
		:30				
4 PM		:00				
		:30				
5 PM		:00				
		:30				
6 PM		:00				
		:30				
7 PM		:00				
		:30				

2020

TIME		THURS 12/24	FRI 12/25	SAT 12/26	NOTES
8 AM	:00				
	:30				
9 AM	:00				
	:30				
10 AM	:00				
	:30				
11 AM	::00				
	:30				
12 PM	:00				
	:30				
1 PM	:00				
	:30				
2 PM	:00				
	:30				
3 PM	:00				
	:30				
4 PM	:00				
	:30				
5 PM	:00				
	:30				
6 PM	:00				
	:30				
7 PM	:00				
	:30				

DECEMBER

TIME		SUN 12/27	MON 12/28	TUES 12/29	WED 12/30
8 AM	:00				
	:30				
9 AM	:00				
	:30				
10 AM	:00				
	:30				
11 AM	::00				
	:30				
12 PM	:00				
	:30				
1 PM	:00				
	:30				
2 PM	:00				
	:30				
3 PM	:00				
	:30				
4 PM	:00				
	:30				
5 PM	:00				
	:30				
6 PM	:00				
	:30				
7 PM	:00				
	:30				

DEC 2020-JAN 2021

TIME		THURS 12/31	FRI 1/1	SAT 1/2	NOTES
8 AM	:00				
	:30				
9 AM	:00				
	:30				
10 AM	:00				
	:30				
11 AM	::00				
	:30				
12 PM	:00				
	:30				
1 PM	:00				
	:30				
2 PM	:00				
	:30				
3 PM	:00				
	:30				
4 PM	:00				
	:30				
5 PM	:00				
	:30				
6 PM	:00				
	:30				
7 PM	:00				
	:30				

NAME	PHONE/EMAIL

NAME	PHONE/ EMAIL

NAME	PHONE/EMAIL

NAME	PHONE/ EMAIL

NAME	PHONE/ EMAIL

NAME	PHONE/ EMAIL

2020

January
S	M	T	W	T	F	S
			1	2	3	4
5	6	7	8	9	10	11
12	13	14	15	16	17	18
19	20	21	22	23	24	25
26	27	28	29	30	31	

February
S	M	T	W	T	F	S
						1
2	3	4	5	6	7	8
9	10	11	12	13	14	15
16	17	18	19	20	21	22
23	24	25	26	27	28	29

March
S	M	T	W	T	F	S
1	2	3	4	5	6	7
8	9	10	11	12	13	14
15	16	17	18	19	20	21
22	23	24	25	26	27	28
29	30	31				

April
S	M	T	W	T	F	S
			1	2	3	4
5	6	7	8	9	10	11
12	13	14	15	16	17	18
19	20	21	22	23	24	25
26	27	28	29	30		

May
S	M	T	W	T	F	S
					1	2
3	4	5	6	7	8	9
10	11	12	13	14	15	16
17	18	19	20	21	22	23
24	25	26	27	28	29	30
31						

June
S	M	T	W	T	F	S
	1	2	3	4	5	6
7	8	9	10	11	12	13
14	15	16	17	18	19	20
21	22	23	24	25	26	27
28	29	30				

July
S	M	T	W	T	F	S
			1	2	3	4
5	6	7	8	9	10	11
12	13	14	15	16	17	18
19	20	21	22	23	24	25
26	27	28	29	30	31	

August
S	M	T	W	T	F	S
						1
2	3	4	5	6	7	8
9	10	11	12	13	14	15
16	17	18	19	20	21	22
23	24	25	26	27	28	29
30	31					

September
S	M	T	W	T	F	S
		1	2	3	4	5
6	7	8	9	10	11	12
13	14	15	16	17	18	19
20	21	22	23	24	25	26
27	28	29	30			

October
S	M	T	W	T	F	S
				1	2	3
4	5	6	7	8	9	10
11	12	13	14	15	16	17
18	19	20	21	22	23	24
25	26	27	28	29	30	31

November
S	M	T	W	T	F	S
1	2	3	4	5	6	7
8	9	10	11	12	13	14
15	16	17	18	19	20	21
22	23	24	25	26	27	28
29	30					

December
S	M	T	W	T	F	S
		1	2	3	4	5
6	7	8	9	10	11	12
13	14	15	16	17	18	19
20	21	22	23	24	25	26
27	28	29	30	31		

CPSIA information can be obtained
at www.ICGtesting.com
Printed in the USA
LVHW040830091019
633406LV00007B/3194/P